케이블루의 알파벳 자수
하늘하늘 네이처에서 고급스러운 블루앤틱까지

케이블루의

알파벳 자수

하늘하늘 네이처에서 고급스러운 블루앤틱까지

김소영 지음

Prologue

어린 시절 디자인 공부를 시작하면서 레터링에 관심을 가지게 되었습니다.
로고를 만들거나, 서체를 만드는 작업이지요.

자수에도 알파벳은 빠질 수 없는 디자인 요소로 등장을 하는데요.
편집하던 버릇 때문인지 저의 작품에는 대부분 글씨를 함께 다루고 있어요.
그림과 글씨가 함께해야 좀 더 완성도 있는 느낌을 주는 것 같아요.
알파벳은 그림과 함께여도 예쁘지만,
손수건이나 파우치, 옷이나 거울, 가방 등 다양한 소품을 만들 때
이니셜 하나만으로도 큰 존재감을 안겨준답니다.

이 책에서는 자유로운 서체와 앤틱 서체로 심플하지만 예쁜 포인트가 되도록,
누구나 쉽고 즐겁게 접근할 수 있는 알파벳 도안을 만들어보았어요.

"너무 과하지도, 너무 심플하지도 않게!"

선물을 할 때도 가장 큰 의미를 부여하고,
상대방을 배려하는 마음을 느끼게 하는
이니셜 자수.

그리고 나에게도 특별한 의미를 선사하는
이니셜. K

제 예명인 케이블루도 이니셜 K에서 따온 것이랍니다.
여러분에게 특별한 이니셜은 무엇인가요?

Contents

프롤로그 005

시작하기 전에

BASIC 1 자수에 필요한 재료와 도구 012
BASIC 2 자수의 기초 014
BASIC 3 이 책에 사용한 스티치 기법 020

1
한들거리는
네이처 알파벳 자수

035

2

고급스러운
블루앤틱 알파벳 자수

063

3

A Letter

097

시작하기 전에

자수에 필요한 재료와 도구

패브릭 • 리넨, 무명, 워싱 광목
너무 얇은 것보다 약간의 두께감이 있는 천, 평직으로 된 천이 자수를 놓기에 용이합니다. 작품의 느낌에 맞는 천을 선택해서 다양하게 수를 놓아보세요.

실 • DMC 25번사, 4번사, 25번 베리에이션사, 메탈릭사, 울사

바늘 • 자수용 바늘은 일반바늘보다 바늘귀가 큽니다. 번호가 클수록 바늘은 가늘어집니다. 작품의 크기와 실의 굵기, 가닥 수에 따라 바늘을 선택하여 수를 놓아주세요.

재단가위 • 천을 자를 때는 재단가위를 이용해주세요.

자수용 가위 • 자수실의 끝마무리를 할 때 잘라주고, 스미르나 스티치를 커팅할 때나 가위집을 넣을 때에 사용해주세요.

자수틀 • 자수틀이 없어도 자수를 놓을 수는 있으나, 새틴 스티치같이 면을 채우는 스티치를 놓을 때는 틀을 활용하는 것이 깨끗하고 예쁘게 놓아집니다. 작은 수틀이 손에 잡고 작업하기에는 용이합니다.

수성펜 • 물을 뿌리면 날아가는 펜입니다. 간혹 물을 뿌리면 마른 후 다시 색이 보일 때가 있는데요. 물에 아예 푹 담갔다 걸어서 말려주시거나, 물티슈나 휴지에 물을 묻혀 꼭꼭 눌러주세요.

트레이싱페이퍼 • 책에 있는 도안을 베낄 때 사용합니다. 연필이나 수성펜으로 그려주세요.

초크페이퍼 • 천에 도안을 옮길 때 사용합니다. 물에 지워지는 초크페이퍼를 사용하면 좋지만, 일반 먹지를 사용했다면 물파스로 자국을 지울 수 있어요. 패브릭에 따라 시험해본 뒤 사용해보세요.

연필 • 트레이싱페이퍼에 도안을 옮길 때 사용합니다.

시침핀 • 입체자수 레이지드 리프 스티치나, 캐스트 온 스티치를 할 때 사용됩니다.

가는 철사 • 입체자수 꽃잎이나 나비를 표현할 때 사용됩니다.

핀쿠션 • 바늘과 시침핀을 보관하는 데 사용합니다.

자 • 패브릭의 사이즈를 잴 때와 자수 도안의 크기를 잴 때 사용됩니다.

패브릭

가는 철사

실

자수틀

재단가위

실끼우개

바늘

수성펜

트레이싱페이퍼

시침핀

핀쿠션

자수의 기초

1. 선세탁하기

리넨의 경우 천의 특성상 세탁을 하면 약간 줄어들기 때문에 수를 놓으시기 전에 선세탁을 하는 것이 좋습니다.

2. 천을 다려주기

도안을 옮기기 전에 패브릭을 다려주어야 정확한 그림이 표현됩니다.

3. 도안 옮기기

트레이싱페이퍼를 도안 위에 올리고 수성펜으로 베끼거나, 패브릭 위에 수성펜으로 직접 그립니다.

4. 천에 먹지를 대고 그리기

아래부터 천→먹지→도안을 놓고 약간 힘을 주어 눌러 그립니다. 대략적인 도안을 그리고 세세한 부분은 도안을 보면서 수성펜이나 초크펜으로 그립니다.

5. 자수실 사용하기

사용되는 자수실 : 25번사, 4번사, 베이에이션사, 울사, 메탈릭사

❶ 25번사 : 일반적으로 가장 많이 쓰이는 자수실 25번사는 6가닥으로 이루어져 있습니다.

❷ 4번사 : 25번사의 6가닥만큼의 굵기이며, 한 가닥을 그대로 사용합니다.

❸ 베리에이션사 : 색상이 그러데이션을 이루고 있어 자연스러운 자연의 색감을 연출할 수 있습니다.

❹ 애플톤 울사 : 울로 만들어진 실로 포슬거리는 질감이 입체 꽃을 표현할 때 탁월합니다.

❺ 메탈릭사 : 금속질감의 실로 한 가닥씩 사용합니다.

6. 실 사용법

적당한 길이(40~50cm)로 자른 뒤, 실을 갈라서 사용할 가닥 수만큼 뽑아서 사용합니다.
너무 길게 사용하면 실이 꼬이면서 예쁜 자수가 놓아지지 않습니다.

실 가르기

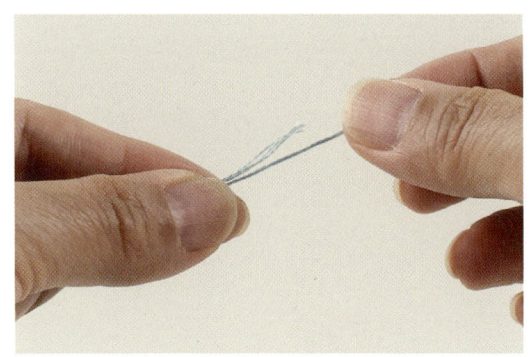

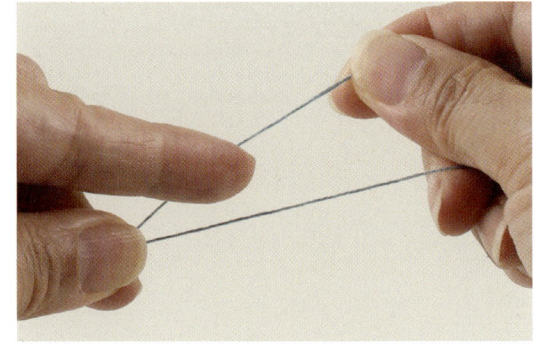

방법 1 · 필요한 가닥만큼 한 가닥씩 빼내어 정리해줍니다.

방법 2 · 오른손으로 3가닥씩 나누어 쥔 다음에 가운데를 왼손 검지로 천천히 가릅니다. 보통 2~3가닥의 실을 사용합니다. 급하게 가르면 엉킬 수 있으니 천천히 갈라주세요.

7. 바늘 사용법

사용되는 바늘 : 바늘은 호수가 클수록 굵기가 얇습니다.
천의 조직과 실의 가닥 수, 굵기에 따라 적당한 바늘을 사용합니다. 실의 가닥 수에 따라 바늘을 선택해주세요. 예를 들어 얇은 바늘을 사용하면서 3가닥을 사용하여 수를 놓으면 실이 천을 통과하기 어렵거나, 바늘이 너무 굵으면 수를 놓은 뒤 천에 구멍이 나게 됩니다.

8. 실 꿰기

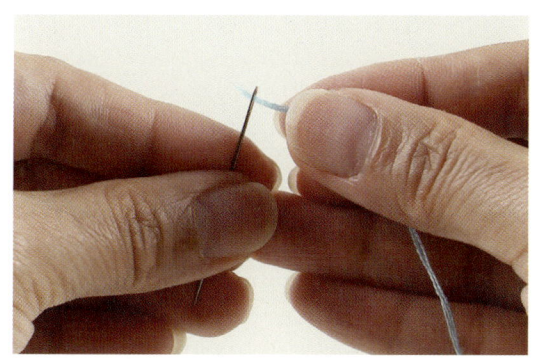

방법 1 • 실 가닥을 잘 정리하여 바늘귀에 끼워줍니다.

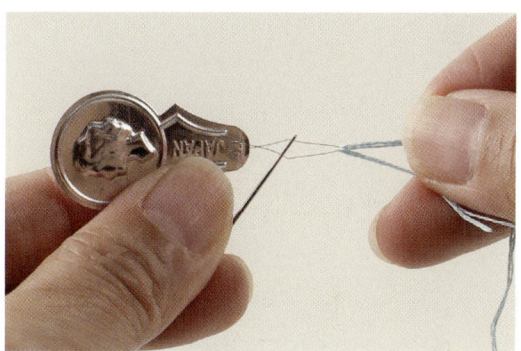

방법 2 • 실 끼우개를 사용하여 끼워줍니다.

9. 매듭짓기

실위에 바늘을 올려두고 두 번 정도 감아준 뒤, 매듭을 잡고 잡아당겨줍니다.

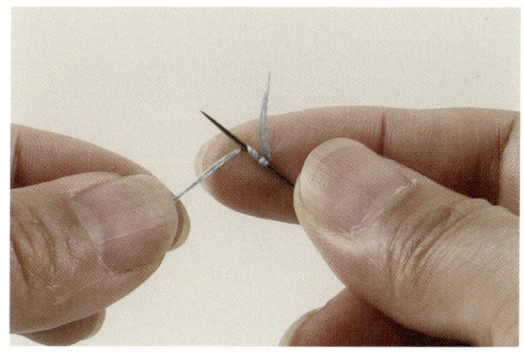

10. 수놓기

원하는 수를 예쁘게 놓아주세요.

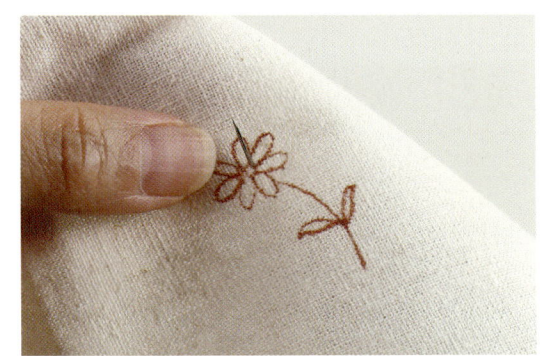

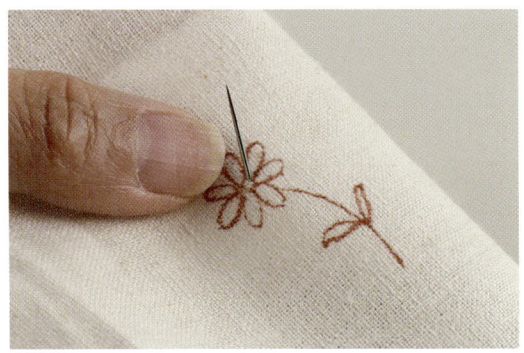

11. 마무리하기

방법 1 • 굵은 매듭을 짓는 것이 싫다면 매듭을 짓지 않고 실 사이를 통과시키거나, 휘감아주세요.

방법 2 • 자주 세탁하는 것에 수를 놓았다면 매듭을 지어서 마무리하는 게 좋습니다.

BASIC 3

이 책에 사용한 스티치 기법

러닝 스티치
Running Stitch

백 스티치
Back Stitch

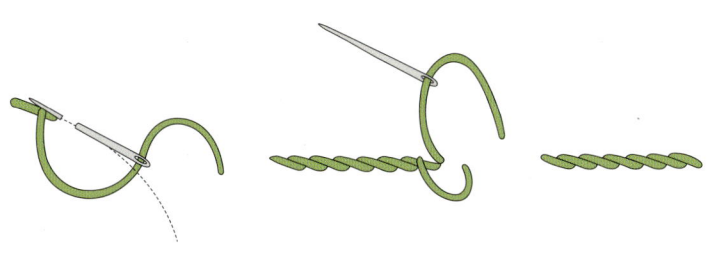

{ 아웃라인 스티치 }
Outline Stitch

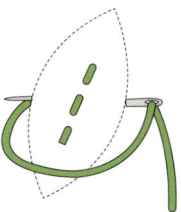 

{ 새틴 스티치 }
Satin Stitch

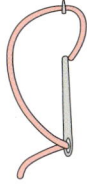 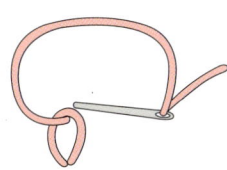

{ 레이지 데이지 스티치 }
Lazy Daisy Stitch

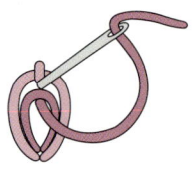 

더블 레이지 데이지 스티치
Double Lazy Daisy Stitch

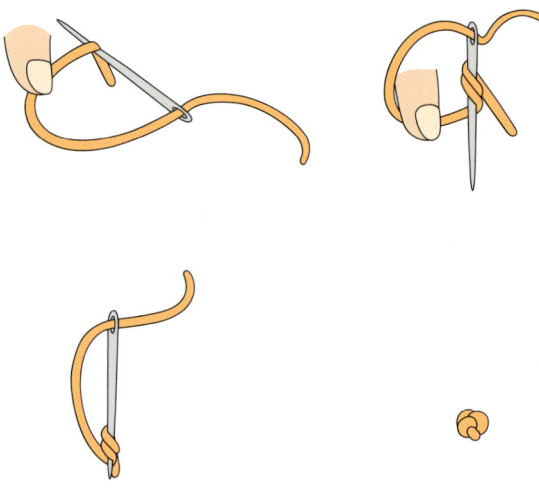

프렌치 노트 스티치
French Knot Stitch

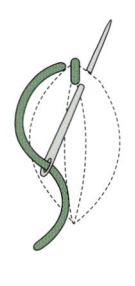 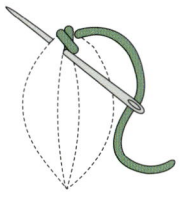 

플랫 스티치
Flat Stitch

플라이 스티치
Fly Stitch

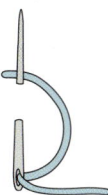 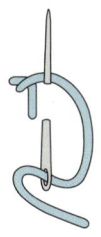 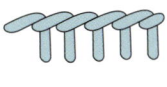

버튼홀 스티치
Buttonhole Stitch

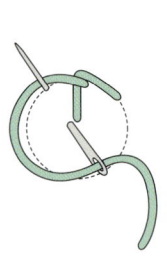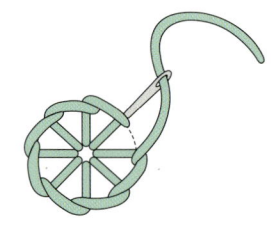

서클 버튼홀 스티치
Circle Buttonhome Stitch

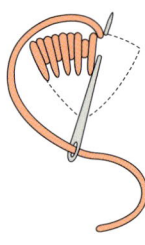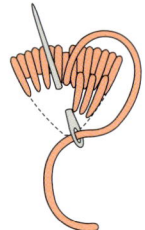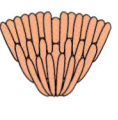

롱앤드쇼트 스티치
Long & Short Stitch

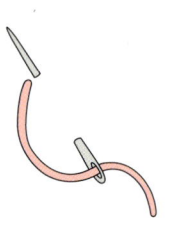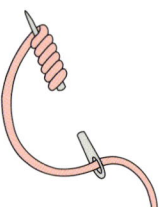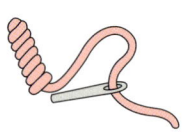

블리온 스티치
Bullion Stitch

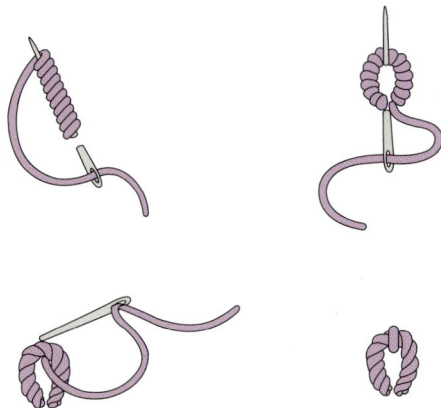

블리온 레이지 데이지 스티치
Bullion Lazy Daisy Stitch

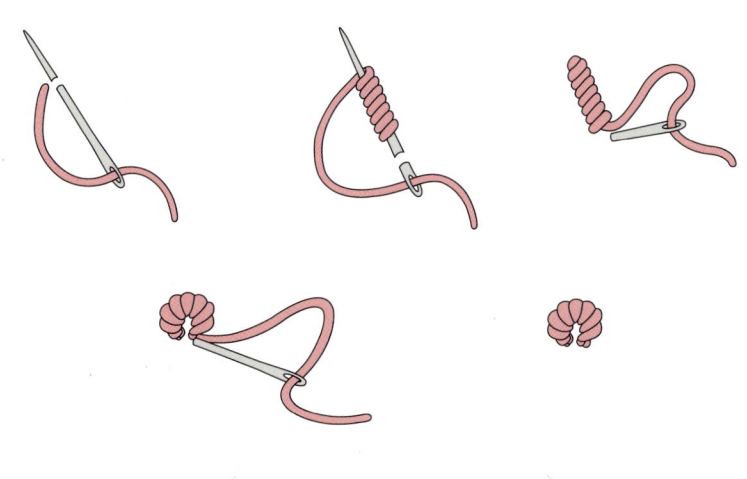

블리온 노트 스티치
Bullion Knot Stitch

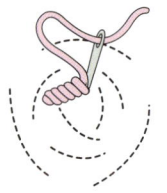  

블리온 로즈 스티치
Bullion Rose Stitch

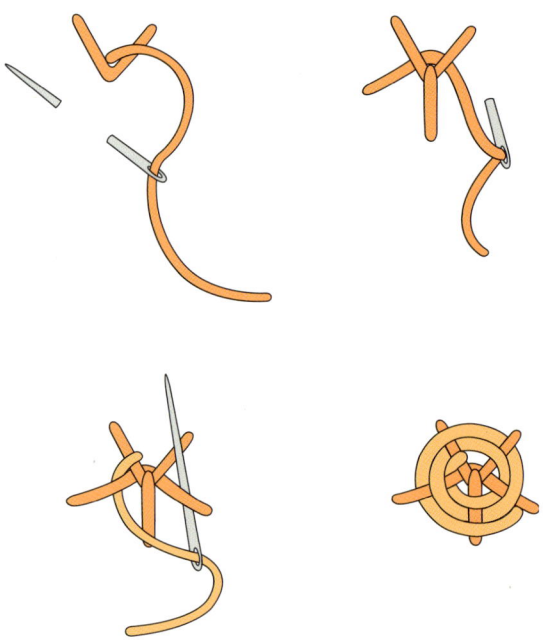

스파이더 웹 로즈 스티치
Spider Web Rose Stitch

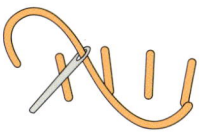

스트레이트 스티치
Straight Stitch

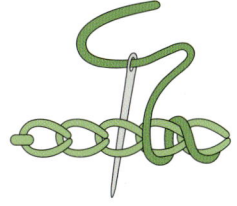 

휘프트 체인 스티치
Whipped Chain Stitch

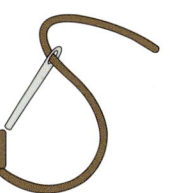 

그라니토스 스티치
Granitos Stitch

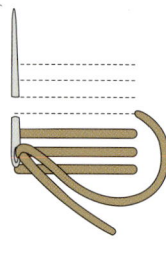  

바스켓 스티치
Basket Stitch

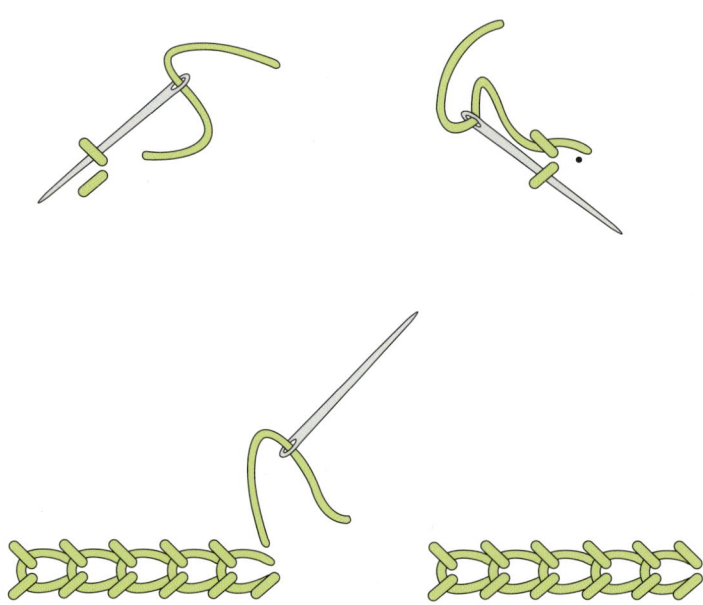

휘티어 스티치
Wheatear Stitch

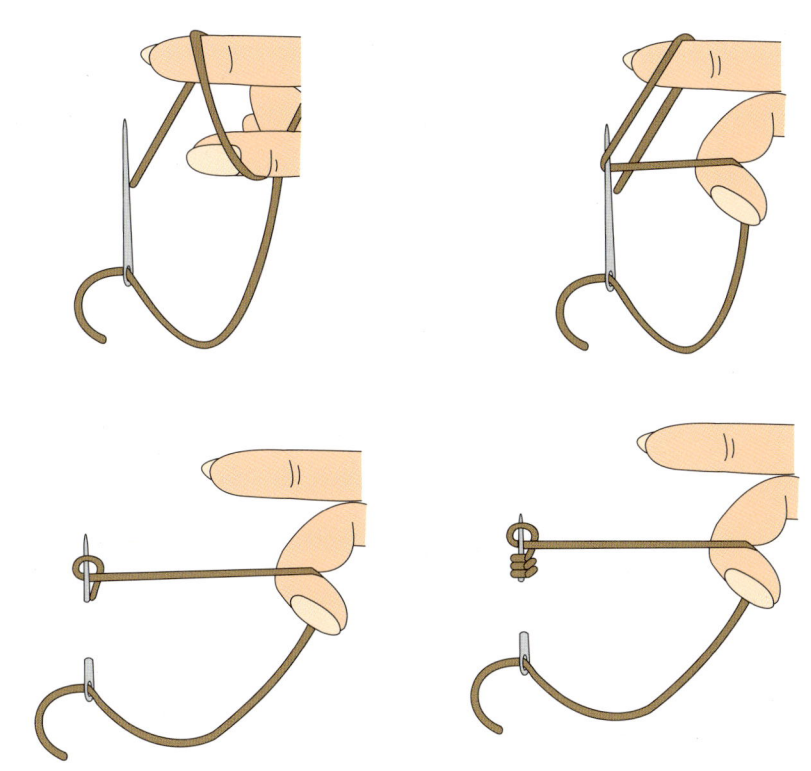

캐스트 온 스티치
Cast On Stitch

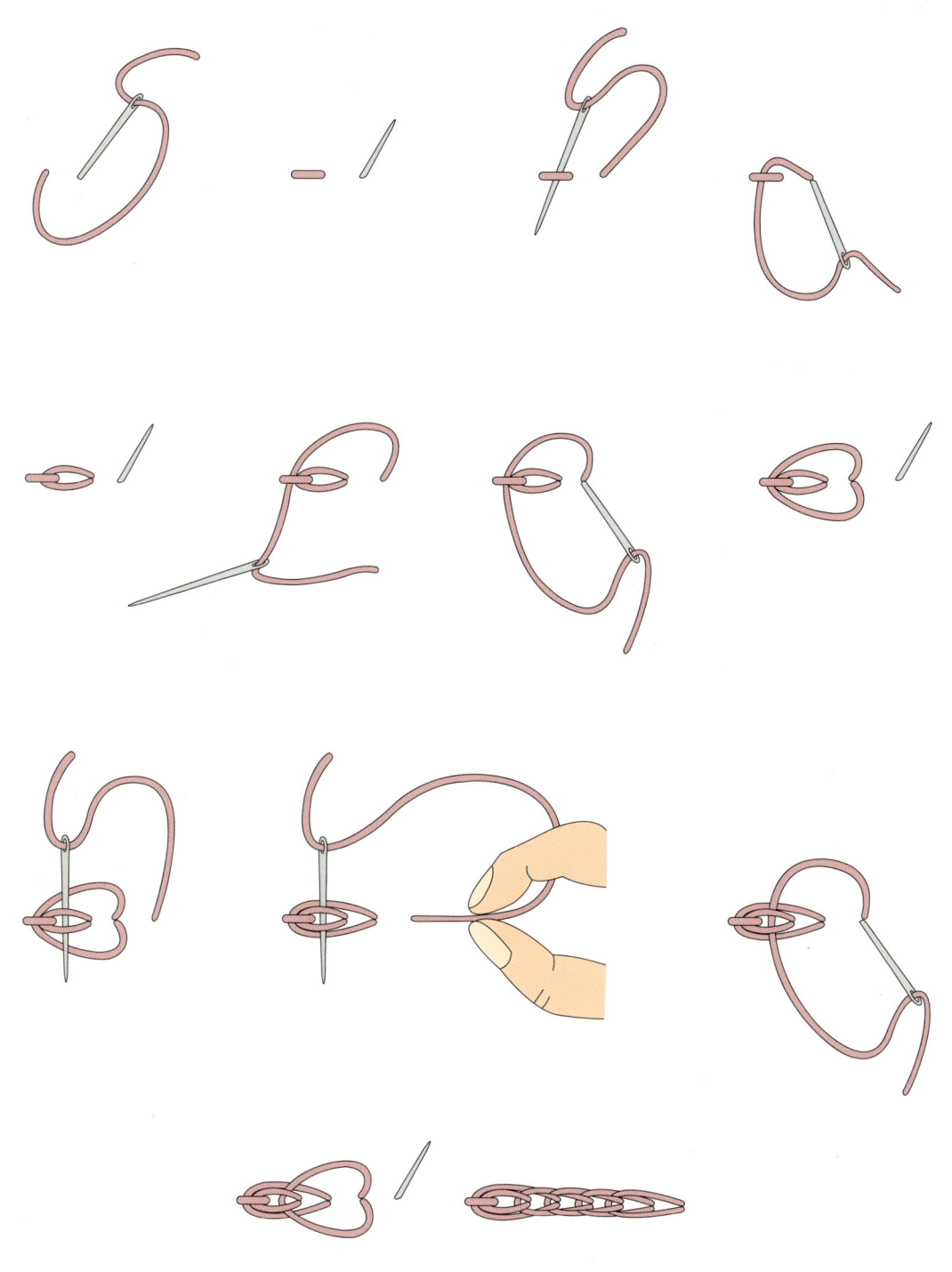

헝가리안 브레이디드 체인 스티치
Hungarian Braided Chain Stitch

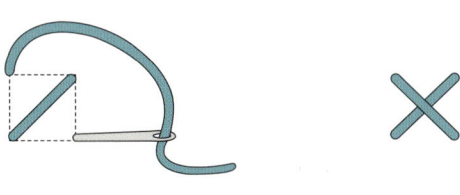

크로스 스티치
Cross Stitch

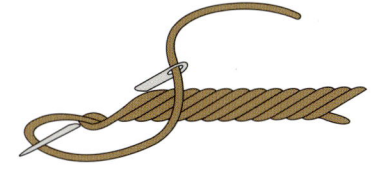

로프 스티치
Rope Stitch

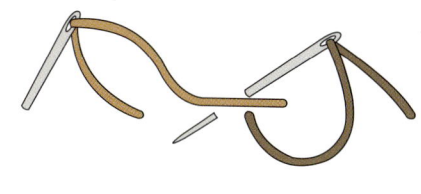  

카우칭 스티치
Couching Stitch

새틴 스티치 다트
Satin Stitch Dart

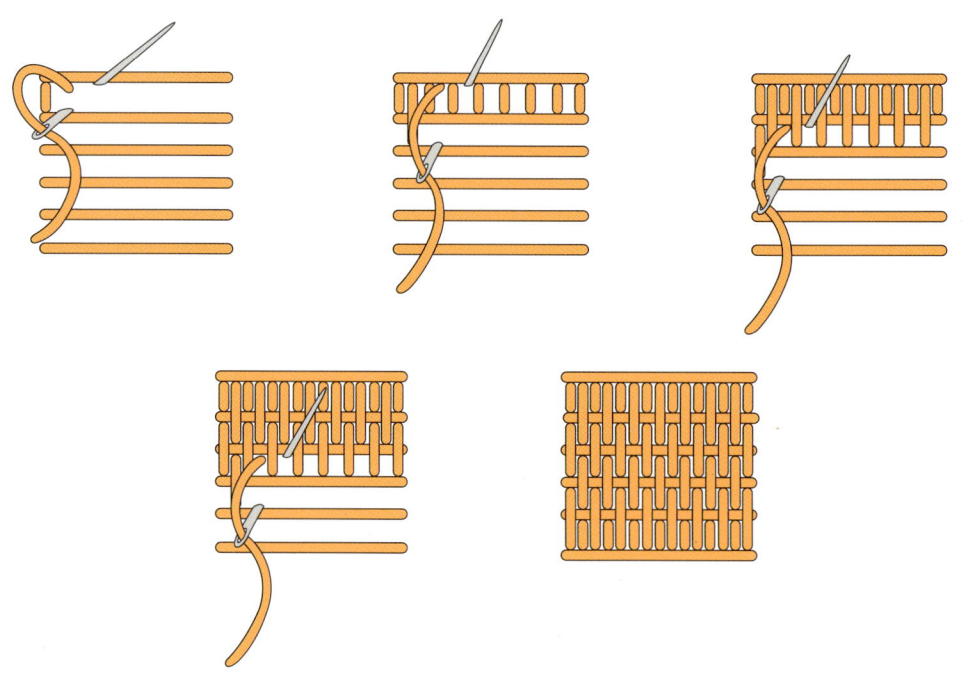

버든 스티치
Burden Stitch

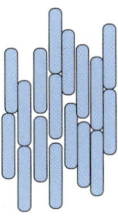 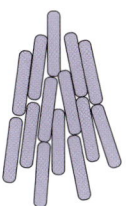

프리 스티치
Free Stitch

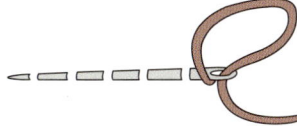 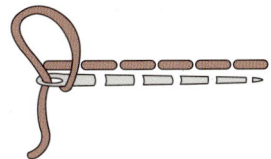

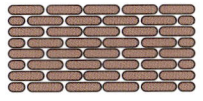 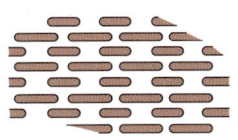

다닝 스티치
Darning Stitch

한들거리는 네이처 알파벳 자수

한들거리는 네이처 알파벳 자수는 자연스럽고, 귀여운 느낌의 알파벳으로 만들어진 도안입니다. 자세히 보면 A에서부터 겨울로 시작하여 봄, 여름, 가을로 지나 Z에 도달하면 다시 겨울이 되는 디자인이에요.
나의 이니셜에 맞게 계절감을 바꾸거나, 도안을 크게 혹은 작게 응용해서 수를 놓아, 나만의 소품에 산뜻한 개성을 살려보세요!

한들거리는 네이처 알파벳 자수 도안

사용한 실
White, 166, 224, 225, 301, 312, 320, 321, 322, 334, 349, 350, 356, 371, 372, 402, 434, 436, 470, 471, 472, 522, 523, 524, 562, 563, 580, 597, 610, 611, 612, 646, 676, 725, 729, 730, 734, 742, 743, 745, 758, 760, 761, 778, 779, 783, 792, 794, 801, 840, 899, 921, 922, 937, 976, 986, 987, 989, 3031, 3041, 3042, 3046, 3051, 3052, 3346, 3348, 3363, 3772, 3817, 3820, 3828, 3836, 3841, 3862

실 사용방법
ex) 922(3) — 괄호 안에 있는 숫자는 실의 가닥 수를 표기한 것입니다.

사용한 스티치
그라니토스 스티치, 더블 레이지 데이지 스티치, 레이지 데이지 스티치, 바스켓 스티치, 백 스티치, 버튼홀 스티치, 블리온 레이지 데이지 스티치, 블리온 로즈 스티치, 블리온 스티치, 새틴 스티치, 서클 버튼홀 스티치, 스트레이트 스티치, 스파이더 웹 로즈 스티치, 아웃라인 스티치, 프렌치 노트 스티치, 플라이 스티치, 플랫 스티치

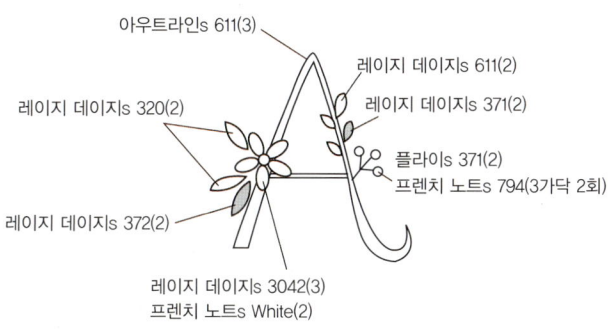

아우트라인s 611(3)
레이지 데이지s 611(2)
레이지 데이지s 320(2)
레이지 데이지s 371(2)
플라이s 371(2)
프렌치 노트s 794(3가닥 2회)
레이지 데이지s 372(2)
레이지 데이지s 3042(3)
프렌치 노트s White(2)

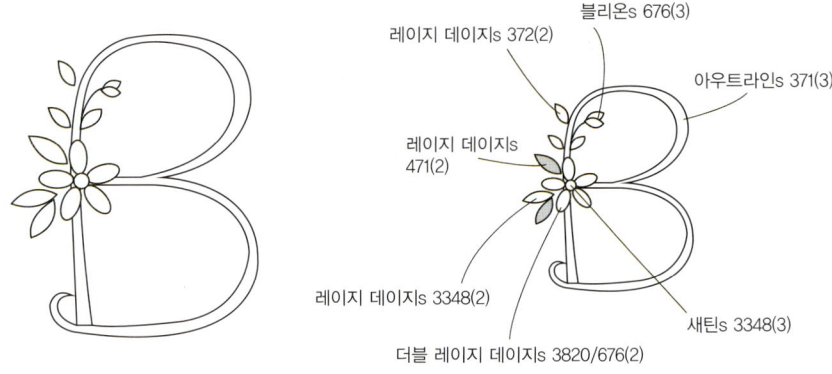

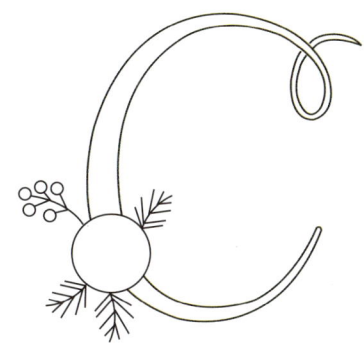

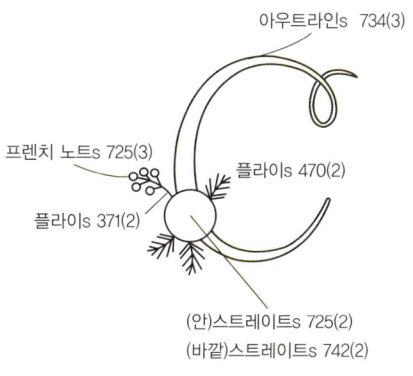

아우트라인s 734(3)
프렌치 노트s 725(3)
플라이s 470(2)
플라이s 371(2)
(안)스트레이트s 725(2)
(바깥)스트레이트s 742(2)

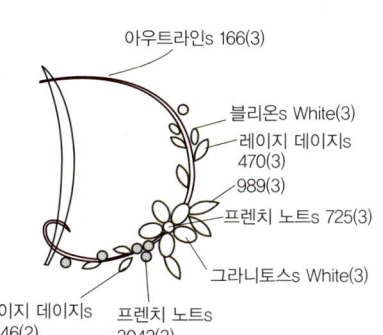

아우트라인s 166(3)
블리온s White(3)
레이지 데이지s 470(3) 989(3)
프렌치 노트s 725(3)
그라니토스 White(3)
레이지 데이지s 3046(2)
프렌치 노트s 3042(3)

043

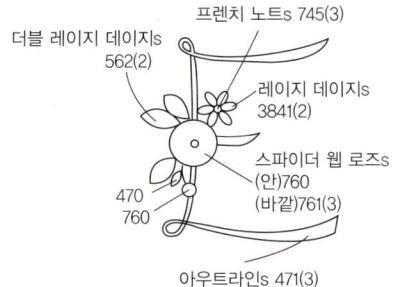

더블 레이지 데이지s 562(2)
프렌치 노트s 745(3)
레이지 데이지s 3841(2)
스파이더 웹 로즈s (안)760 (바깥)761(3)
470
760
아우트라인s 471(3)

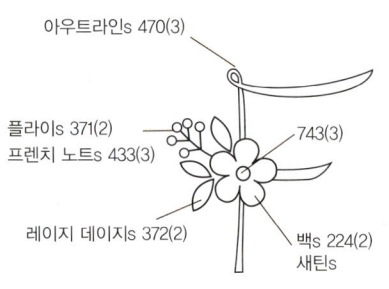

아우트라인s 470(3)
플라이s 371(2)
프렌치 노트s 433(3)
743(3)
레이지 데이지s 372(2)
백s 224(2)
새틴s

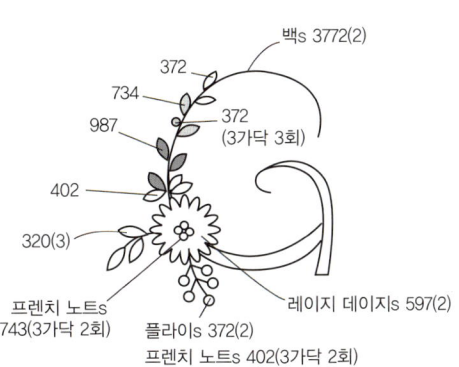

045

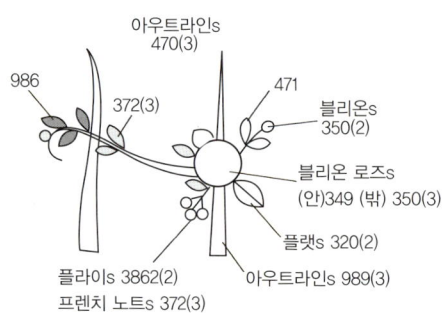

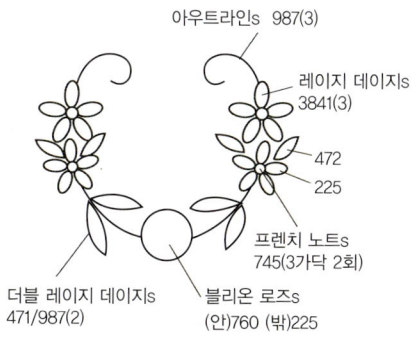

아우트라인s 987(3)
레이지 데이지s 3841(3)
472
225
프렌치 노트s 745(3가닥 2회)
더블 레이지 데이지s 471/987(2)
블리온 로즈s (안)760 (밖)225

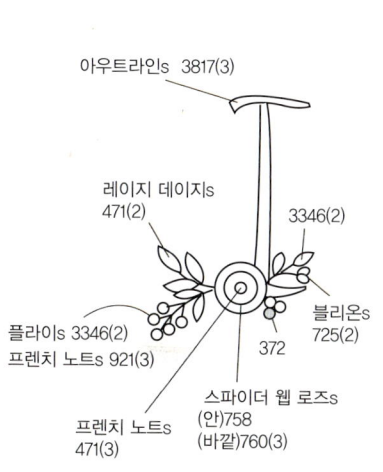

아우트라인s 3817(3)
레이지 데이지s 471(2)
3346(2)
플라이s 3346(2)
프렌치 노트s 921(3)
블리온s 725(2)
372
프렌치 노트s 471(3)
스파이더 웹 로즈s (안)758 (바깥)760(3)

047

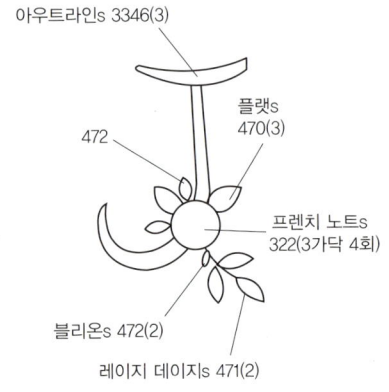

아우트라인s 3346(3)
플랫s 470(3)
472
프렌치 노트s 322(3가닥 4회)
블리온s 472(2)
레이지 데이지s 471(2)

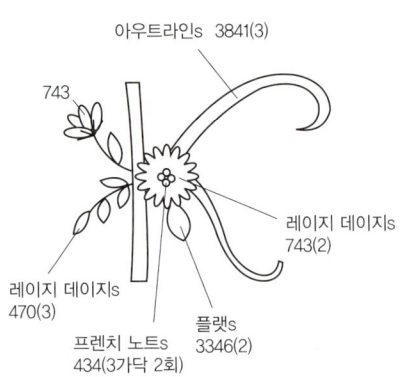

아우트라인s 3841(3)
743
레이지 데이지s 743(2)
레이지 데이지s 470(3)
프렌치 노트s 434(3가닥 2회)
플랫s 3346(2)

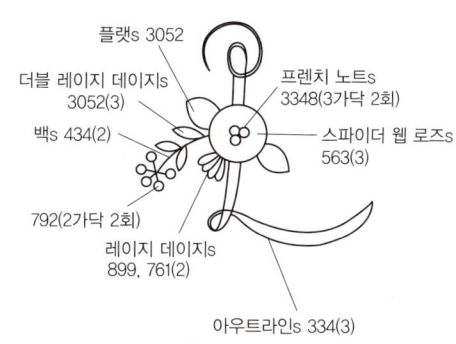

플랫s 3052
더블 레이지 데이지s 3052(3)
프렌치 노트s 3348(3가닥 2회)
백s 434(2)
스파이더 웹 로즈s 563(3)
792(2가닥 2회)
레이지 데이지s 899, 761(2)
아우트라인s 334(3)

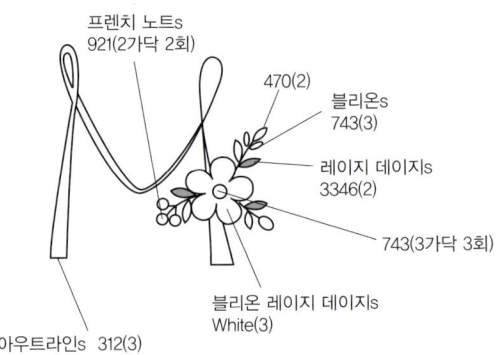

프렌치 노트s
921(2가닥 2회)

470(2)

블리온s
743(3)

레이지 데이지s
3346(2)

743(3가닥 3회)

블리온 레이지 데이지s
White(3)

아우트라인s 312(3)

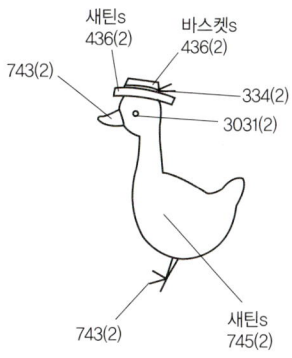

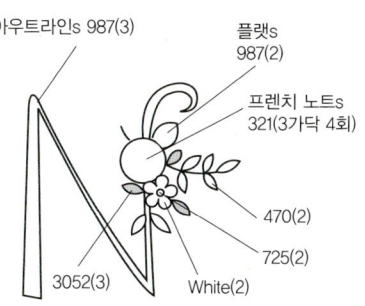

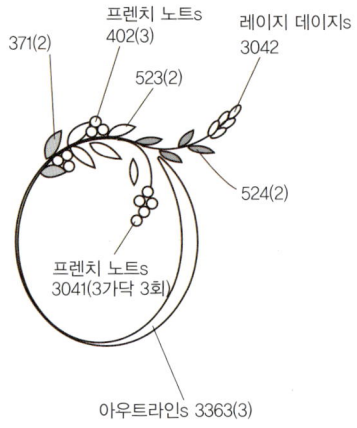

371(2)
프렌치 노트s 402(3)
레이지 데이지s 3042
523(2)
524(2)
프렌치 노트s 3041(3가닥 3회)
아우트라인s 3363(3)

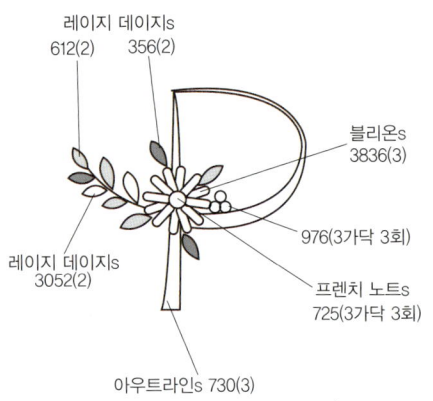

레이지 데이지s 612(2)
레이지 데이지s 356(2)
블리온s 3836(3)
976(3가닥 3회)
레이지 데이지s 3052(2)
프렌치 노트s 725(3가닥 3회)
아우트라인s 730(3)

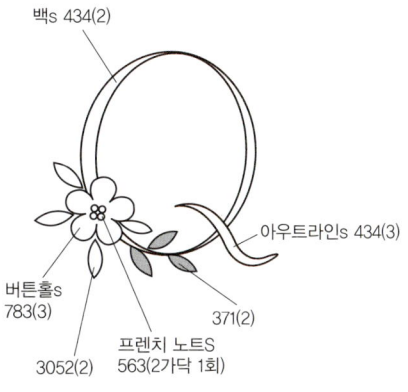

백s 434(2)
아우트라인s 434(3)
버튼홀s 783(3)
3052(2)
프렌치 노트s 563(2가닥 1회)
371(2)

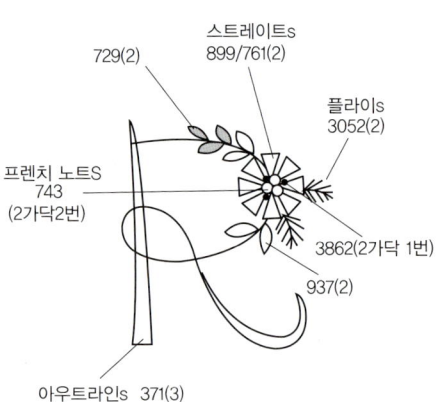

스트레이트s 899/761(2)
729(2)
플라이s 3052(2)
프렌치 노트s 743 (2가닥 2번)
3862(2가닥 1번)
937(2)
아우트라인s 371(3)

새틴s 921(2) 새틴s 434(2) 새틴s 783(2)
아우트라인s 434(2)

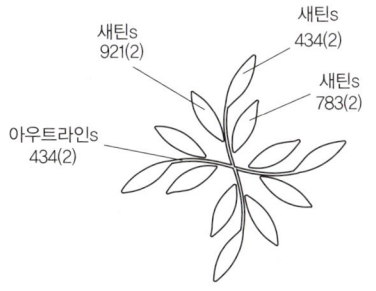

아우트라인s 523(3)
프렌치 노트s 921(3가닥 2회)
플라이s 580(2)
플라이s 612(2)
580
922(2)
743(2)
레이지 데이지s 371(2)

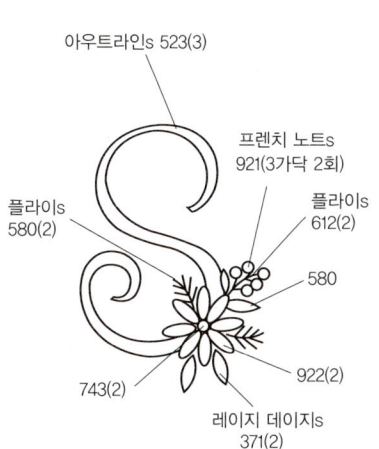

서클 버튼홀s 3820(3) — 아우트라인s 3862(3)
301(3)
611
612
580
프렌치 노트s 3841(3가닥 2회)

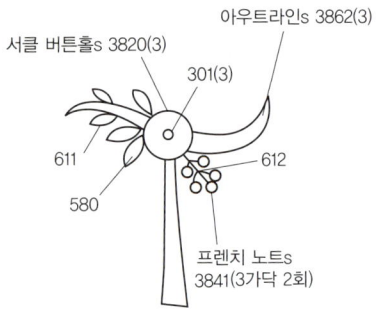

아우트라인s 801(3)
블리온s 3042(2)
블리온s 921(3)
371(2)
플라이s 730(2)
레이지 데이지s 580

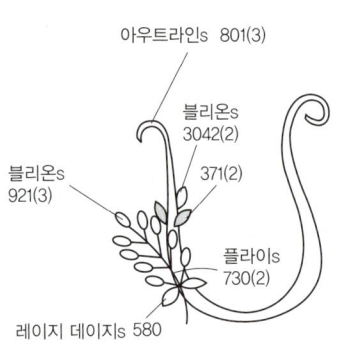

056

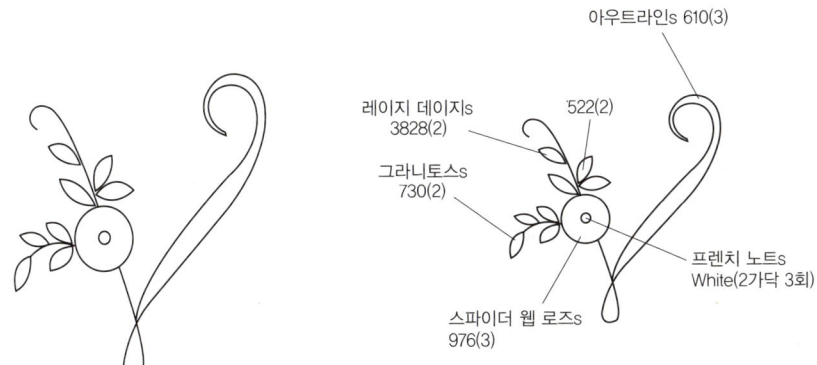

아우트라인s 610(3)
레이지 데이지s 3828(2)
522(2)
그라니토스s 730(2)
프렌치 노트s White(2가닥 3회)
스파이더 웹 로즈s 976(3)

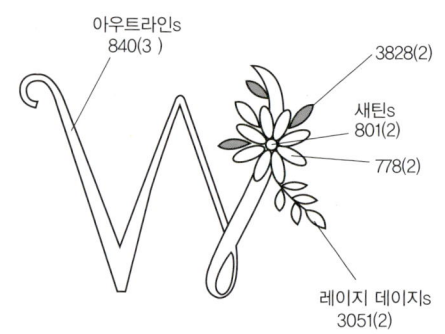

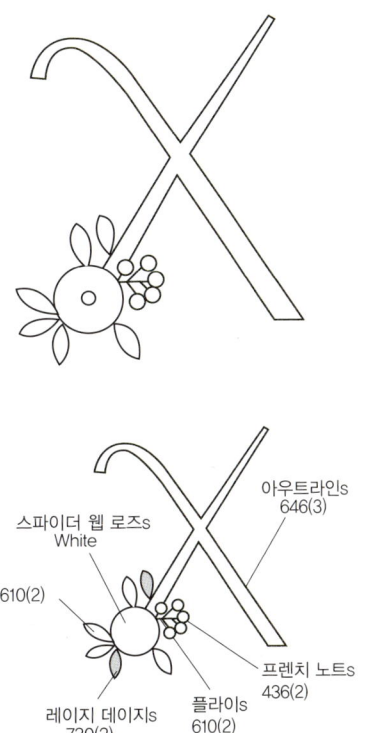

스파이더 웹 로즈s
White

아우트라인s
646(3)

610(2)

프렌치 노트s
436(2)

레이지 데이지s
730(2)

플라이s
610(2)

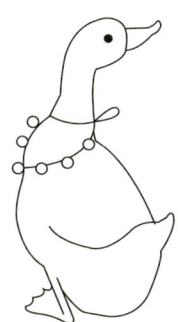

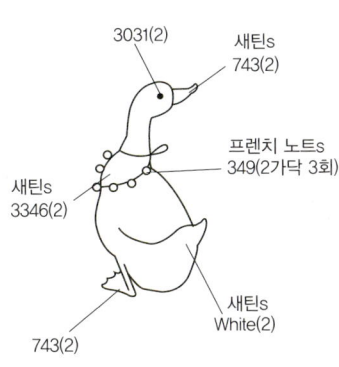

3031(2)

새틴s
743(2)

새틴s
3346(2)

프렌치 노트s
349(2가닥 3회)

새틴s
743(2)

새틴s
White(2)

059

플랫s 349(2)

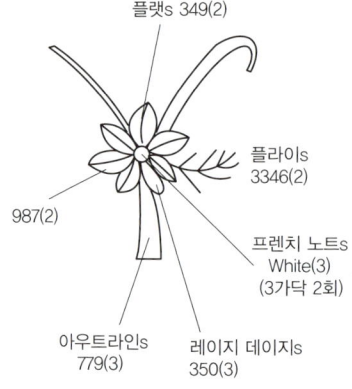

987(2)

플라이s 3346(2)

프렌치 노트s White(3) (3가닥 2회)

아우트라인s 779(3)

레이지 데이지s 350(3)

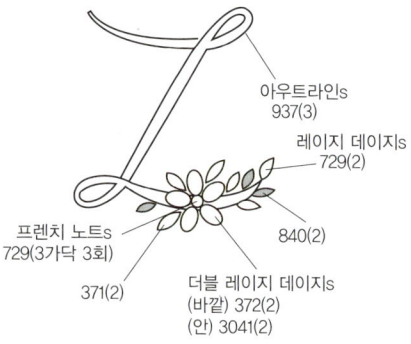

아우트라인s 937(3)

레이지 데이지s 729(2)

프렌치 노트s 729(3가닥 3회)

840(2)

371(2)

더블 레이지 데이지s (바깥) 372(2) (안) 3041(2)

Blue Antique
Alphabet Embroidery

고급스러운 블루앤틱 알파벳 자수

케이블루라는 닉네임은 제가 K의 이니셜이기도 하고, 워낙 블루계열의 색을 좋아해서 만들어진 이름입니다. 블루는 표면적으로 차가운 색으로 표현되지만 저에게는 따뜻함으로 다가오는 색감이랍니다. 어디에나 무난하게 잘 어울리기에 많은 분이 좋아하시기도 하구요. 매우 대중적이면서도 고급스러운 색이기에 앤틱 서체로 디자인을 해보았어요. 다양한 기법으로 활용해보았는데요, 알파벳의 스티치 기법을 바꾸거나, 모티브를 바꾸어 응용하여 수를 놓아보아도 새로운 즐거움을 느낄 수 있을 거예요.

white furniture and the American-style shutters counteract the sweetness of the pale pink painted walls.
A small shelf, positioned out of your baby's grasp, is a good place to display christening treasures and classic books.
Whether you're decorating for a little girl on the way, or planning a nursery for a baby girl graduating from her Moses basket, knowing the sex of your baby makes a difference. However politically correct we may wish to be, few of us can resist colour-coding. Our grown-up fashion and design tastes may be cool and trendy, but it's hard to resist the charm of little girls' pink accessories.
The secret, of course, is to steer a tasteful course through the lurid pink and fairy-emblazoned merchandise in the shops, and devise a subtle yet charming decorative scheme. Whether you go traditional, chic or modern is down to your personal style. But remember that your little girl's room should harmonize with the rest of the décor at home. If the look elsewhere is elegant, with linen curtains and dark wood floors, take

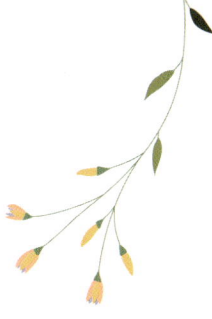

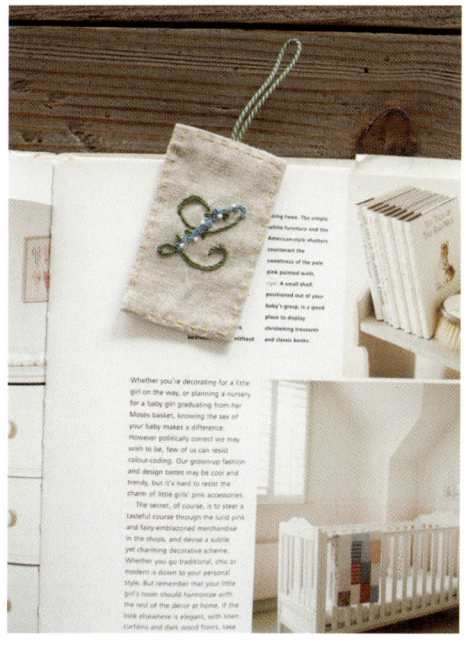

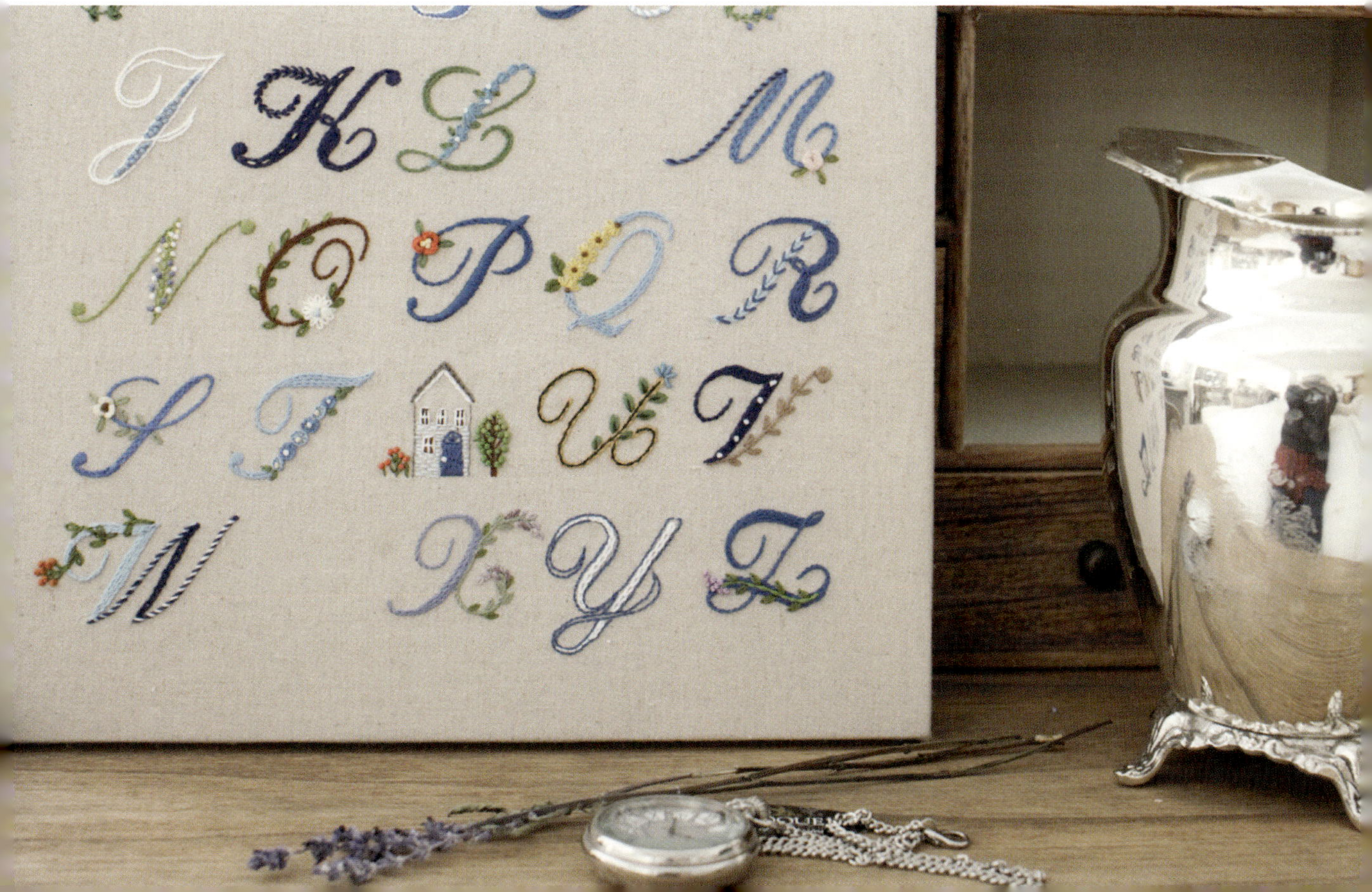

067

고급스러운 블루앤틱 알파벳 자수

사용한 실
White, 208, 224, 312, 334, 336, 350, 436, 469, 470, 471, 518, 519, 580, 645, 739, 743, 744, 746, 760, 793, 798, 801, 813, 826, 840, 890, 921, 922, 3041, 3042, 3052, 3346, 3347, 3364, 3841, 3842

사용한 스티치
더블 레이지 데이지 스티치, 러닝 스티치, 레이지 데이지 스티치, 로프 스티치, 롱앤드쇼트 스티치, 백 스티치, 버튼홀 스티치, 블리온 로즈 스티치, 블리온 스티치, 새틴 스티치, 새틴 스티치 다트, 서클 버튼홀 스티치, 스트레이트 스티치, 스파이더 웹 로즈 스티치, 아웃라인 스티치, 체인 스티치, 카우칭 스티치, 캐스트 온 스티치, 크로스 스티치, 프렌치 노트 스티치, 플라이 스티치, 플랫 스티치, 헝가리안 브레이디드 체인 스티치, 휘티어 스티치, 휘프트 체인 스티치

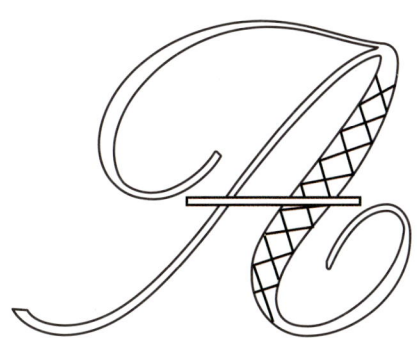

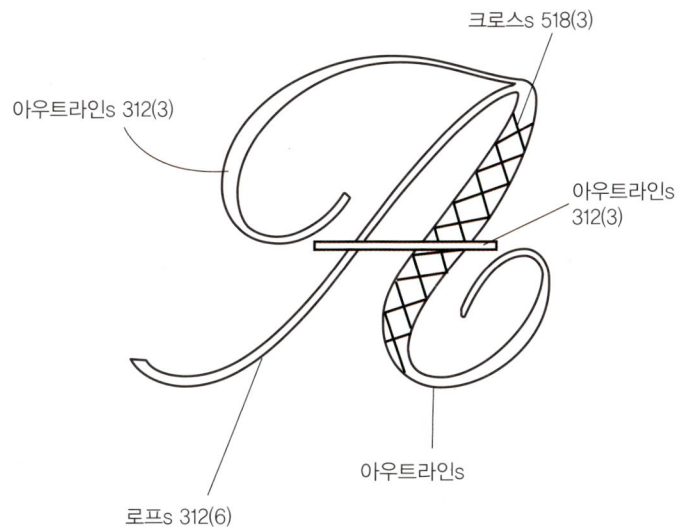

크로스s 518(3)
아우트라인s 312(3)
아우트라인s 312(3)
아우트라인s
로프s 312(6)

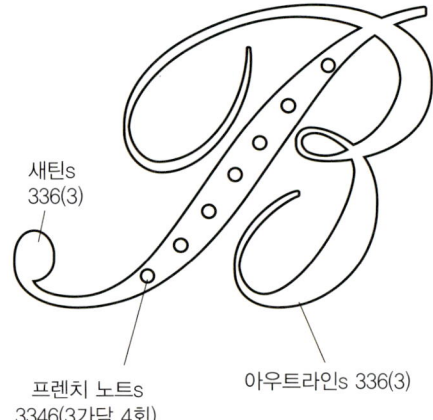

새틴s 336(3)

프렌치 노트s 3346(3가닥 4회)

아우트라인s 336(3)

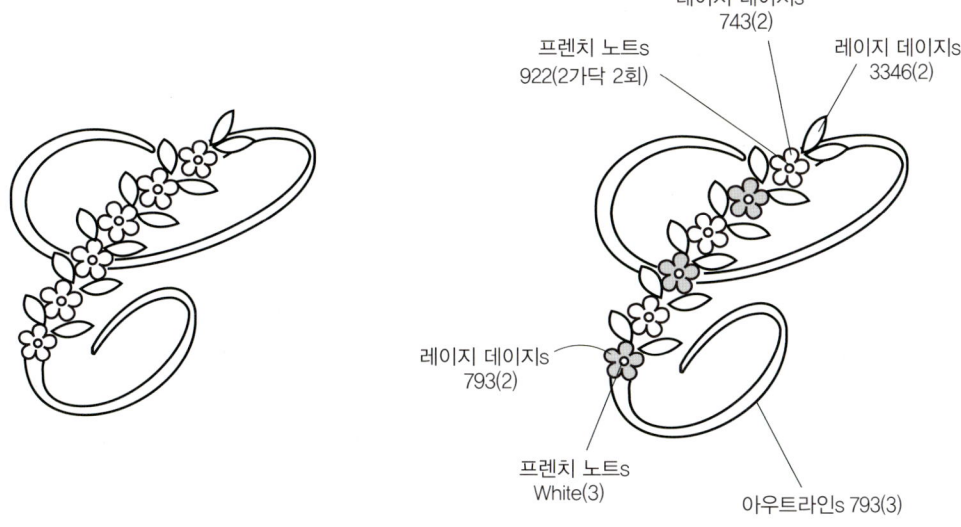

레이지 데이지s 743(2)
프렌치 노트s 922(2가닥 2회)
레이지 데이지s 3346(2)
레이지 데이지s 793(2)
프렌치 노트s White(3)
아우트라인s 793(3)

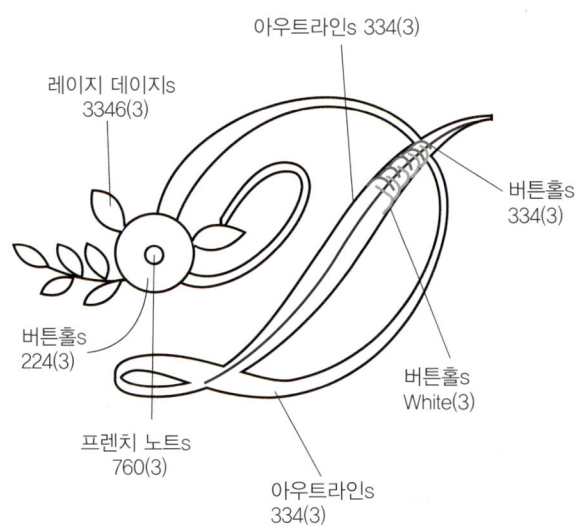

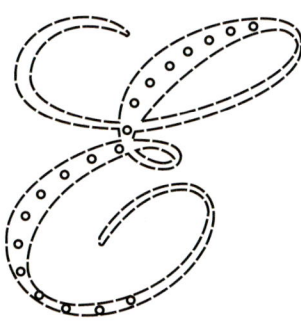

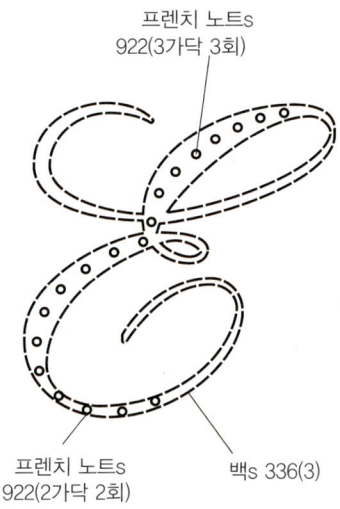

프렌치 노트s
922(3가닥 3회)

프렌치 노트s
922(2가닥 2회)

백s 336(3)

073

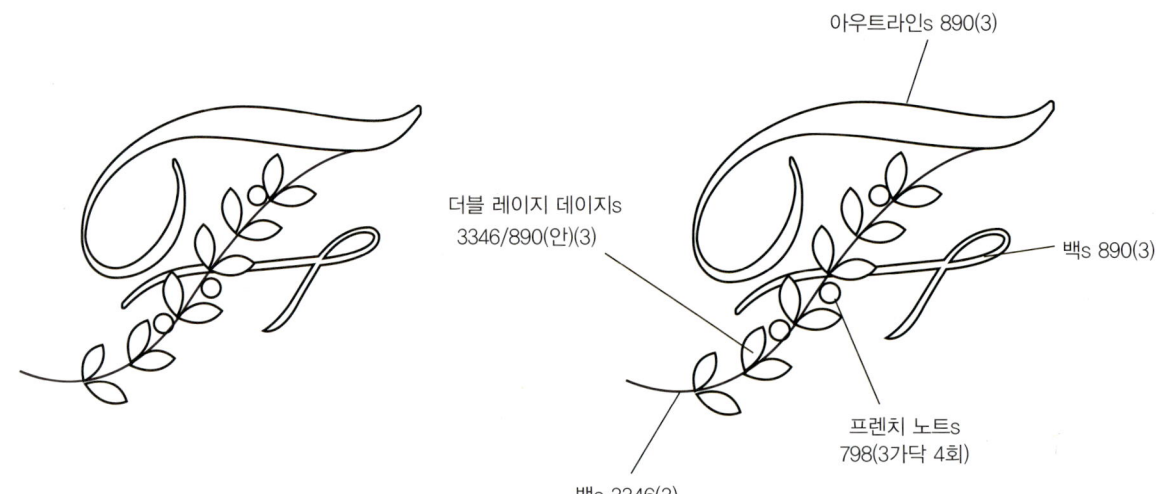

아우트라인s 890(3)

더블 레이지 데이지s
3346/890(안)(3)

백s 890(3)

백s 3346(3)

프렌치 노트s
798(3가닥 4회)

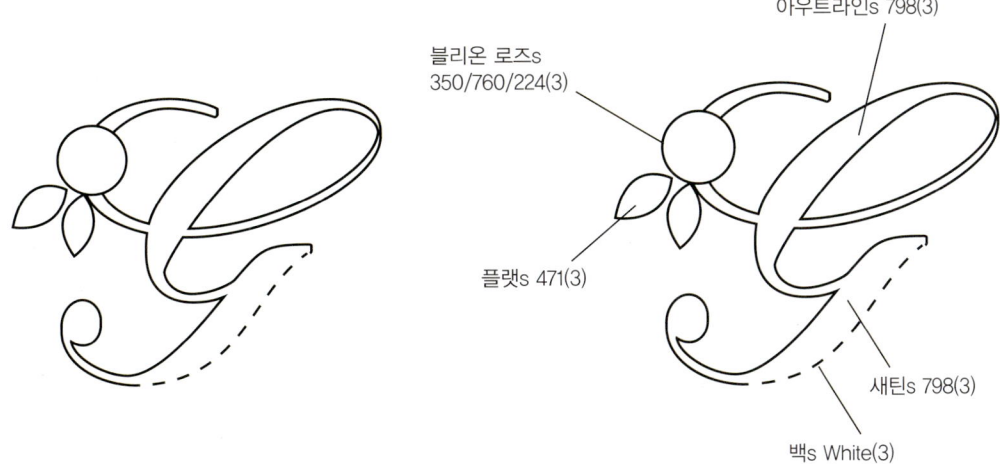

아우트라인s 798(3)
블리온 로즈s 350/760/224(3)
플랫s 471(3)
새틴s 798(3)
백s White(3)

아우트라인s 3842(3)

헝가리안 브레이디드 체인s
3842(6)

휘프트 체인s
519/White(6)

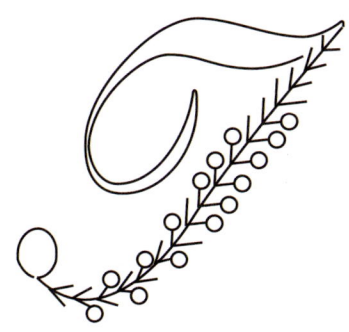

아우트라인s 798(3)

프렌치 노트s 744/798(3)

플라이s 3347(3)

새틴s 3347(3)

077

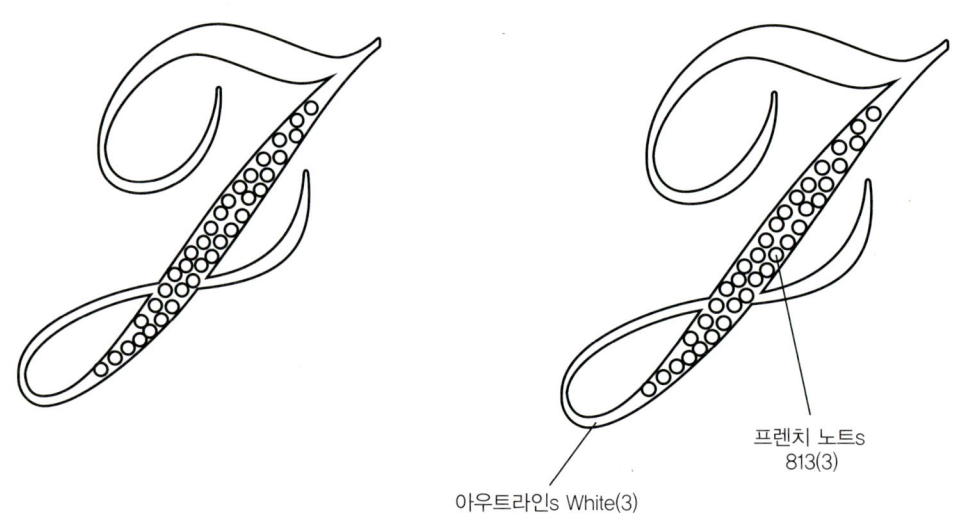

프렌치 노트s
813(3)

아우트라인s White(3)

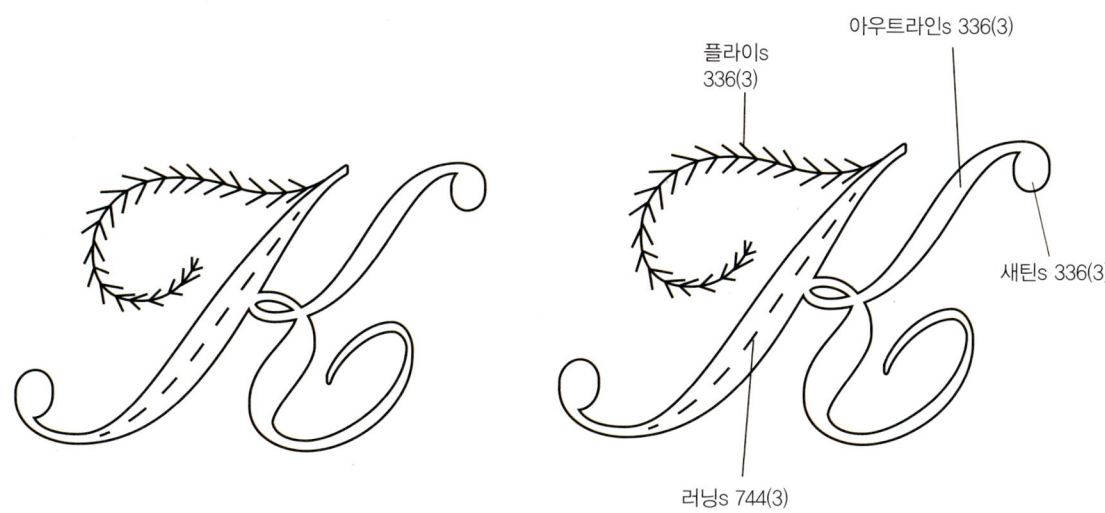

아우트라인s 336(3)
플라이s 336(3)
새틴s 336(3)
러닝s 744(3)

아웃라인s 3346(3)

레이지 데이지s 518(3)

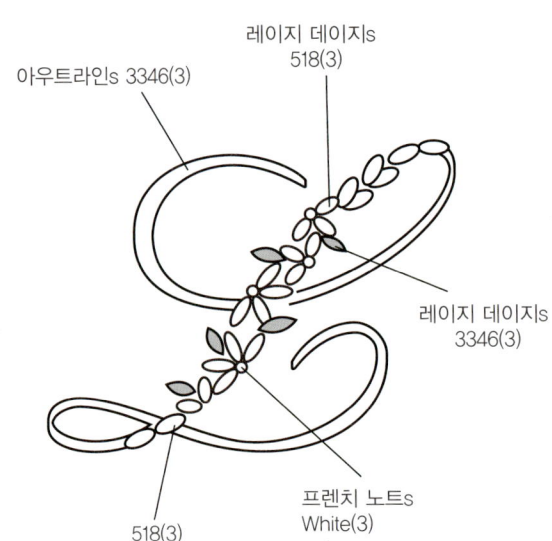

레이지 데이지s 3346(3)

프렌치 노트s White(3)

518(3)

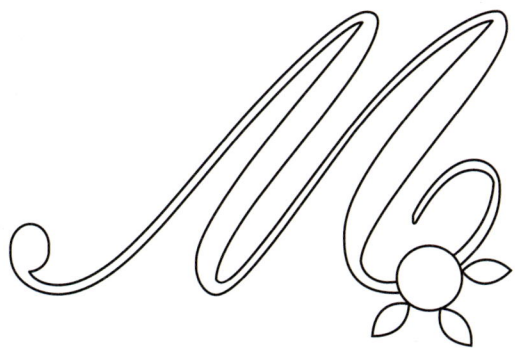

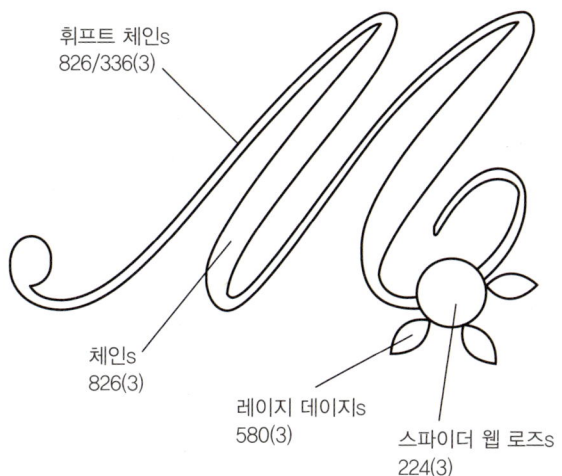

휘프트 체인s
826/336(3)

체인s
826(3)

레이지 데이지s
580(3)

스파이더 웹 로즈s
224(3)

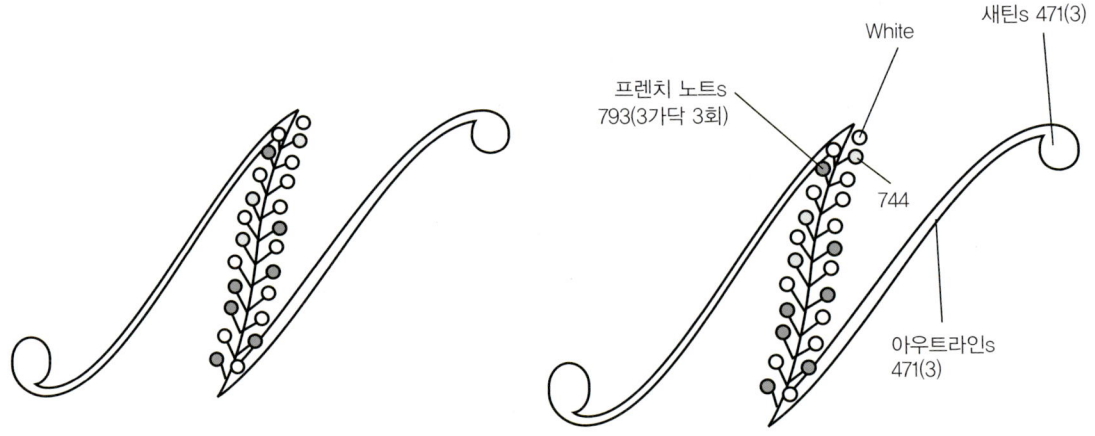

새틴s 471(3)
White
프렌치 노트s 793(3가닥 3회)
744
아우트라인s 471(3)

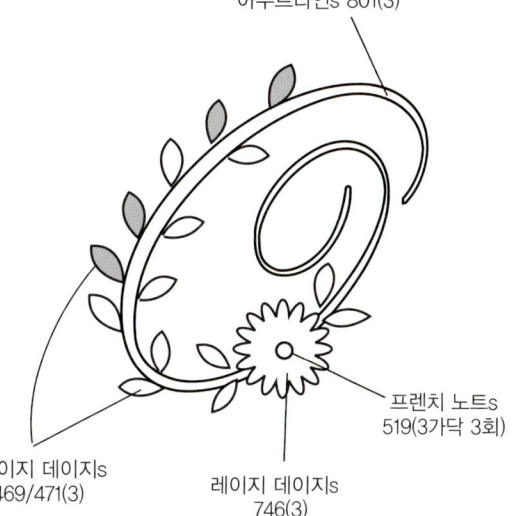

아우트라인s 801(3)

프렌치 노트s 519(3가닥 3회)

레이지 데이지s 469/471(3)

레이지 데이지s 746(3)

083

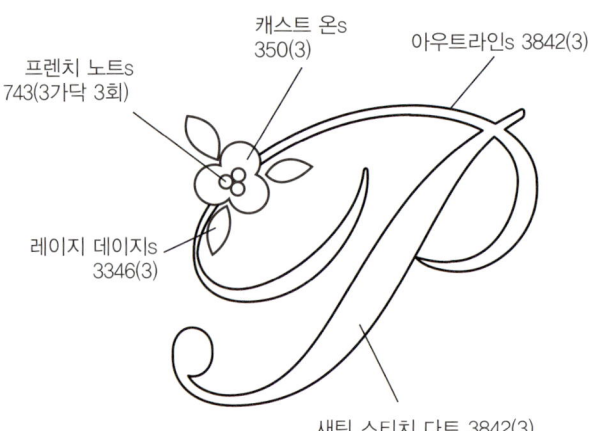

캐스트 온s
350(3)

프렌치 노트s
743(3가닥 3회)

아우트라인s 3842(3)

레이지 데이지s
3346(3)

새틴 스티치 다트 3842(3)

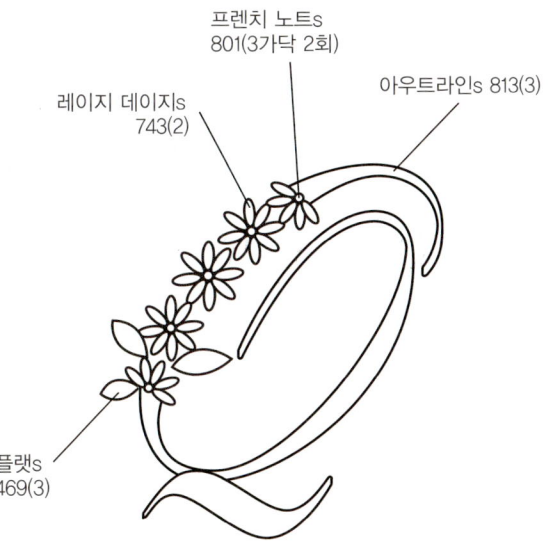

프렌치 노트s
801(3가닥 2회)

레이지 데이지s
743(2)

아우트라인s 813(3)

플랫s
469(3)

아우트라인s 312(3)

휘티어s 312/519(3)

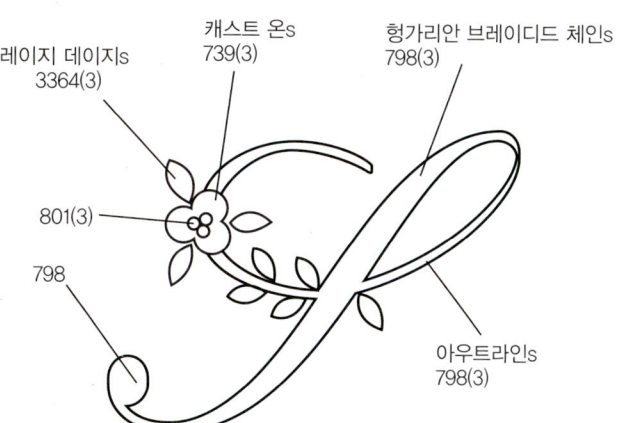

레이지 데이지s 3364(3)
캐스트 온s 739(3)
헝가리안 브레이디드 체인s 798(3)
801(3)
798
아우트라인s 798(3)

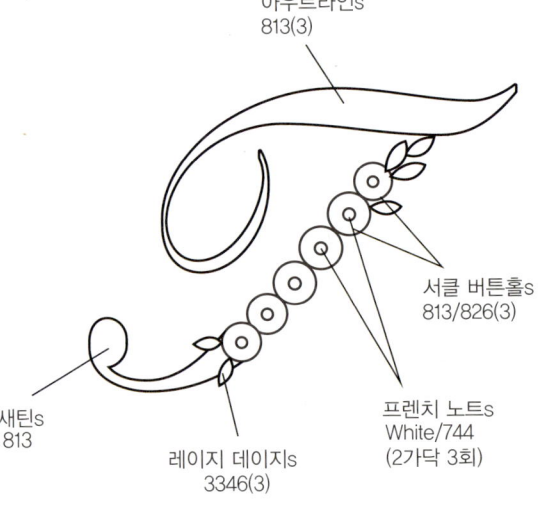

아우트라인s
813(3)

서클 버튼홀s
813/826(3)

새틴s
813

레이지 데이지s
3346(3)

프렌치 노트s
White/744
(2가닥 3회)

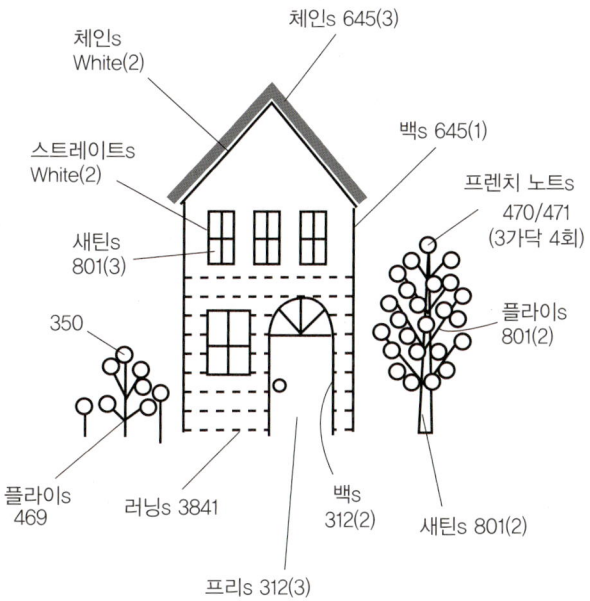

089

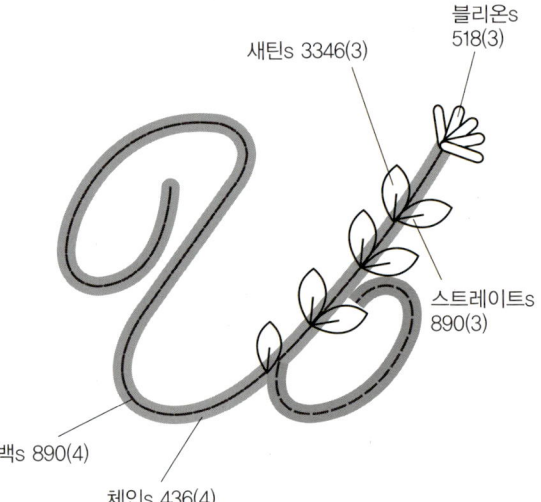

새틴s 3346(3)
블리온s 518(3)
스트레이트s 890(3)
백s 890(4)
체인s 436(4)

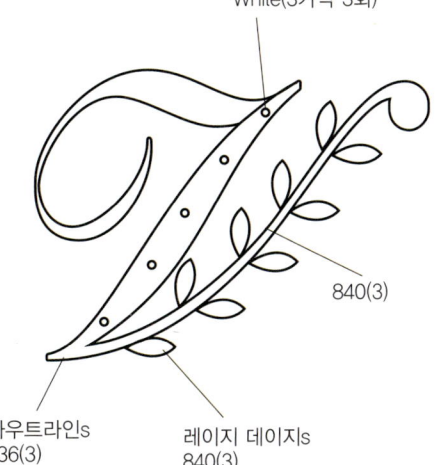

White(3가닥 3회)

840(3)

아우트라인s
336(3)

레이지 데이지s
840(3)

091

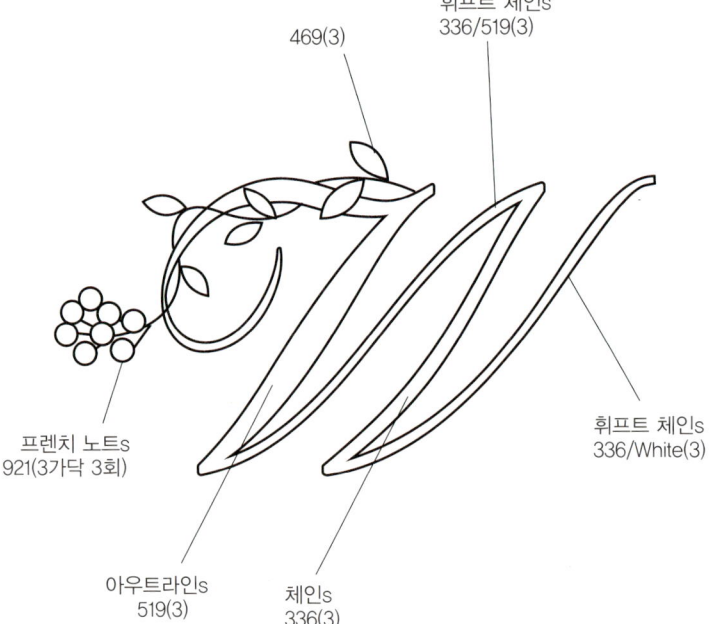

휘프트 체인s
336/519(3)

469(3)

휘프트 체인s
336/White(3)

프렌치 노트s
921(3가닥 3회)

아우트라인s
519(3)

체인s
336(3)

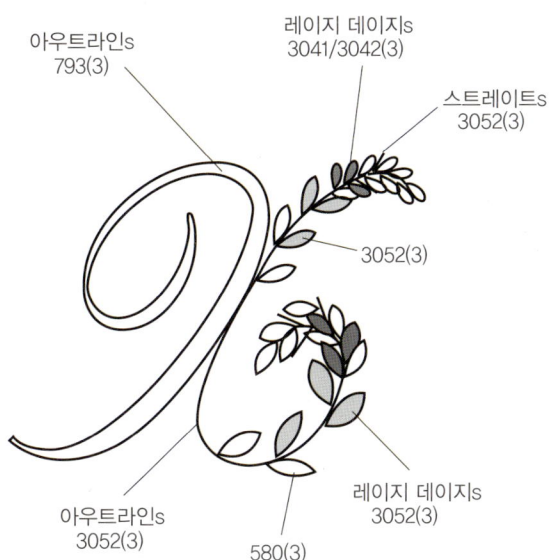

아우트라인s
793(3)

레이지 데이지s
3041/3042(3)

스트레이트s
3052(3)

3052(3)

아우트라인s
3052(3)

580(3)

레이지 데이지s
3052(3)

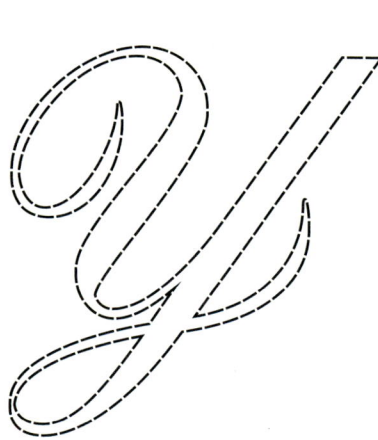
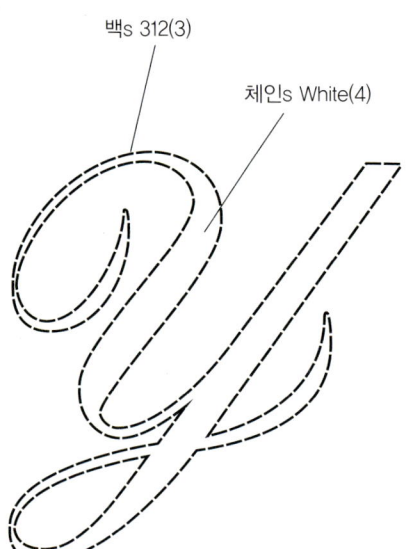

백s 312(3)
체인s White(4)

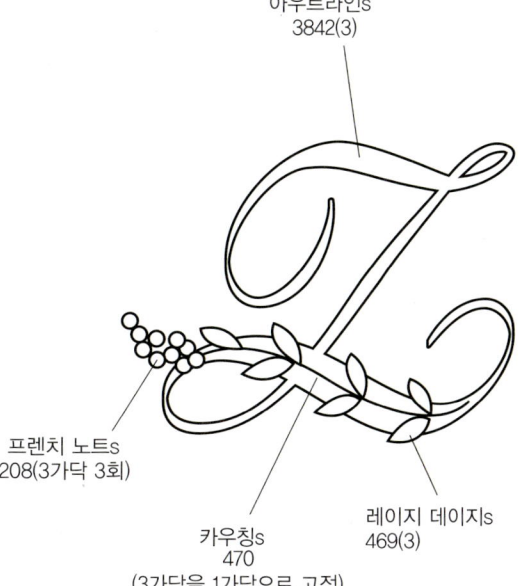

아우트라인s
3842(3)

프렌치 노트s
208(3가닥 3회)

카우칭s
470
(3가닥을 1가닥으로 고정)

레이지 데이지s
469(3)

3

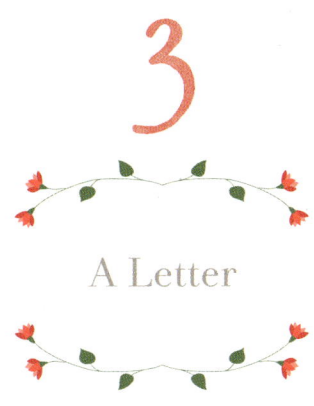

A Letter

내 나이 스물하고 하나였을 때

어느 현명한 사람이 말했지요.
"금화든 은화든 돈은 다 주어도
네 마음은 주지 말거라."
하지만 내 나이 스물하고 하나였으니
아무 소용없는 말이었답니다.
"가슴 깊은 곳에서 나오는 마음은
그냥 주는 것이 아니다.
사랑은 수많은 한숨과
끝없는 후회에서 생겨나는 것이다."
지금 내 나이 스물하고 둘이 되어서야
그것이 진리라는 걸 알게 되었습니다.

꽃다운 스물하나에 누가 나에게 이런 충고를 한들 귀에 들어왔을까 싶지만,
그 후로 이십여 년을 더 살고 보니
나 역시도 어린 후배에게 해주고 싶은 이야기가 되었다.
이 진리를 깨달았다면 늘 세심하게 깨어 있어야 했는데,
내 나이 마흔을 훌쩍 넘었지만, 아직도 필요한 말인 듯하다.
꼭 사랑이 아니더라도, 시간이 지나서 후회할 일은 늘 있는 법이니……

the bosom was never given in vain:
'Tis paid with sighs a-plenty
And sold for endless rue"
And I am Two-and-twenty
And oh, 'tis true, 'tis true.

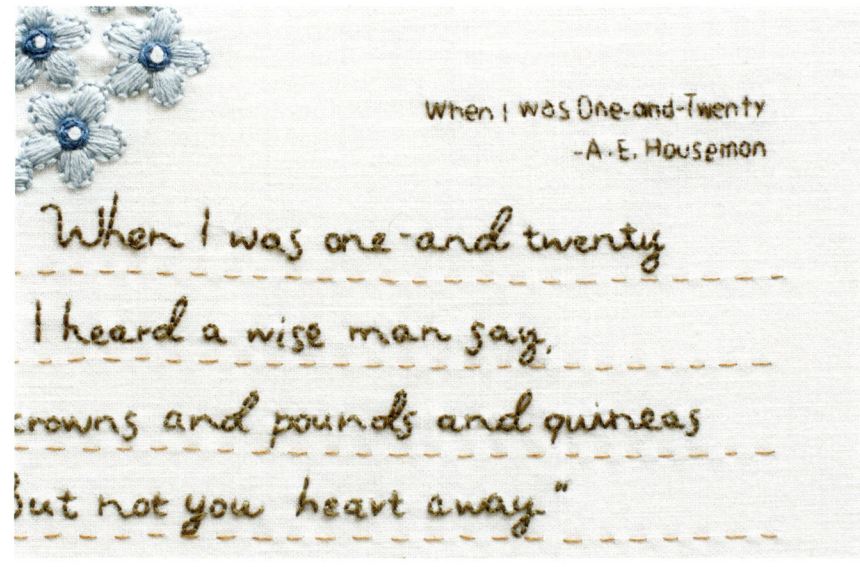

When I was One-and-Twenty
— A.E. Houseman

When I was one-and-twenty
I heard a wise man say,
"Give crowns and pounds and guineas
But not your heart away."
But I was one-and-twenty,
No use to talk to me... "The heart out of the bosom was never given in vain;
'Tis paid with sighs a-plenty
And sold for endless rue."
And I am Two-and-twenty
And oh, 'tis true, 'tis true.

When I was One-and-Twenty
- A. E. Houseman

When I was one-and twenty
I heard a wise man say,
"Give crowns and pounds and guineas
But not you heart away."
But I was one-and twenty,
No use to talk to me... "The heart out of
the bosom was never given in vain:
'Tis paid with sighs a-plenty
And sold for endless rue."
And I am Two-and-twenty
And oh, 'tis true, 'tis true.

사용한 실
White, 334, 350, 372, 435, 436, 470, 471, 523, 610, 646, 676, 758, 801, 840, 976, 989, 3052, 3346, 3348, 3820, 3826, 3841

사용한 스티치
다닝 스티치, 러닝 스티치, 백 스티치, 버든 스티치, 블리온 노트 스티치, 블리온 레이지 데이지 스티치, 새틴 스티치, 스트레이트 스티치, 스파이더 웹 로즈 스티치, 아웃라인 스티치, 프렌치 노트 스티치, 프리 스티치, 플라이 스티치, 플랫 스티치, 휘프트 체인 스티치

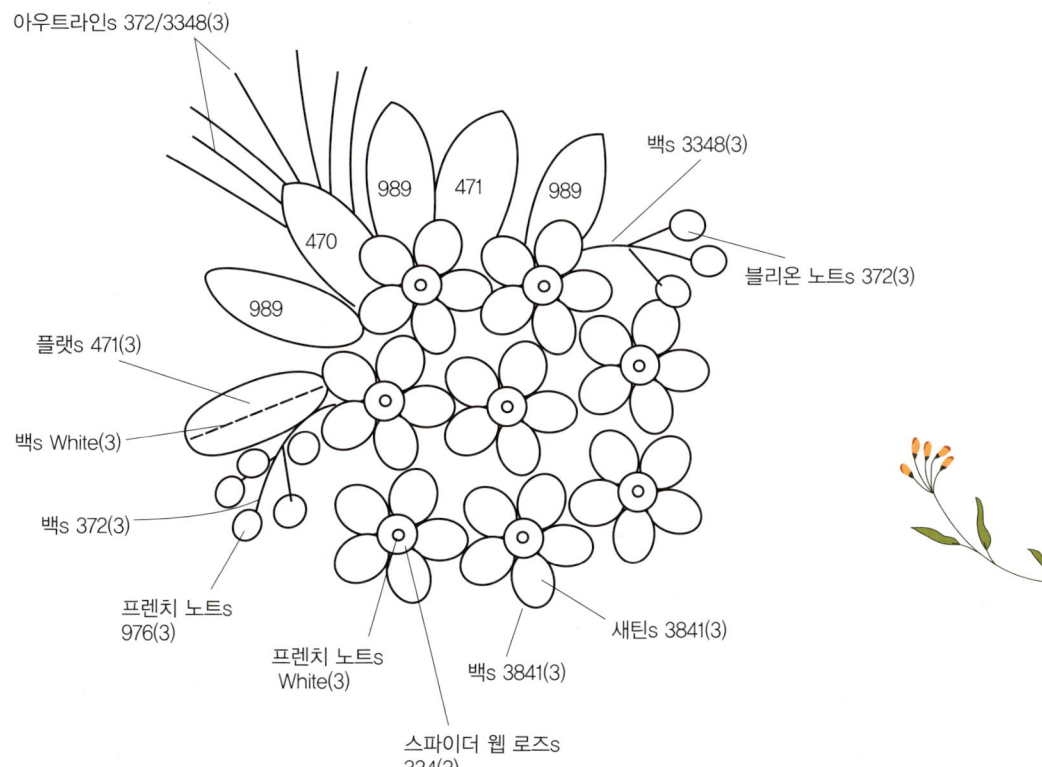

아우트라인s 372/3348(3)

백s 3348(3)

989 471 989

470

블리온 노트s 372(3)

989

플랫s 471(3)

백s White(3)

백s 372(3)

프렌치 노트s 976(3)

프렌치 노트s White(3)

백s 3841(3)

새틴s 3841(3)

스파이더 웹 로즈s 334(2)

When I Was One-and-Twenty
-A. E. Houseman

When I was one-and twenty
I heard a wise man say,
"Give crowns and pounds and guineas
But not your heart away."
But I was one-and twenty,
No use to talk to me.... "The heart out of
the bosom was never given in vain;
'Tis paid with sighs a-plenty
And sold for endless rue"
And I am Two-and-twenty
And oh, 'tis true, 'tis true.

When I was one and twenty
I heard a wise man say,
"Give crowns and pounds and guineas
But not your heart away."
But I was one-and twenty,
No use to talk to me.... "The heart out of
the bosom was never given in vain;
'Tis paid with sighs a-plenty
And sold for endless rue"
And I am Two-and-twenty
And oh, 'tis true, 'tis true.

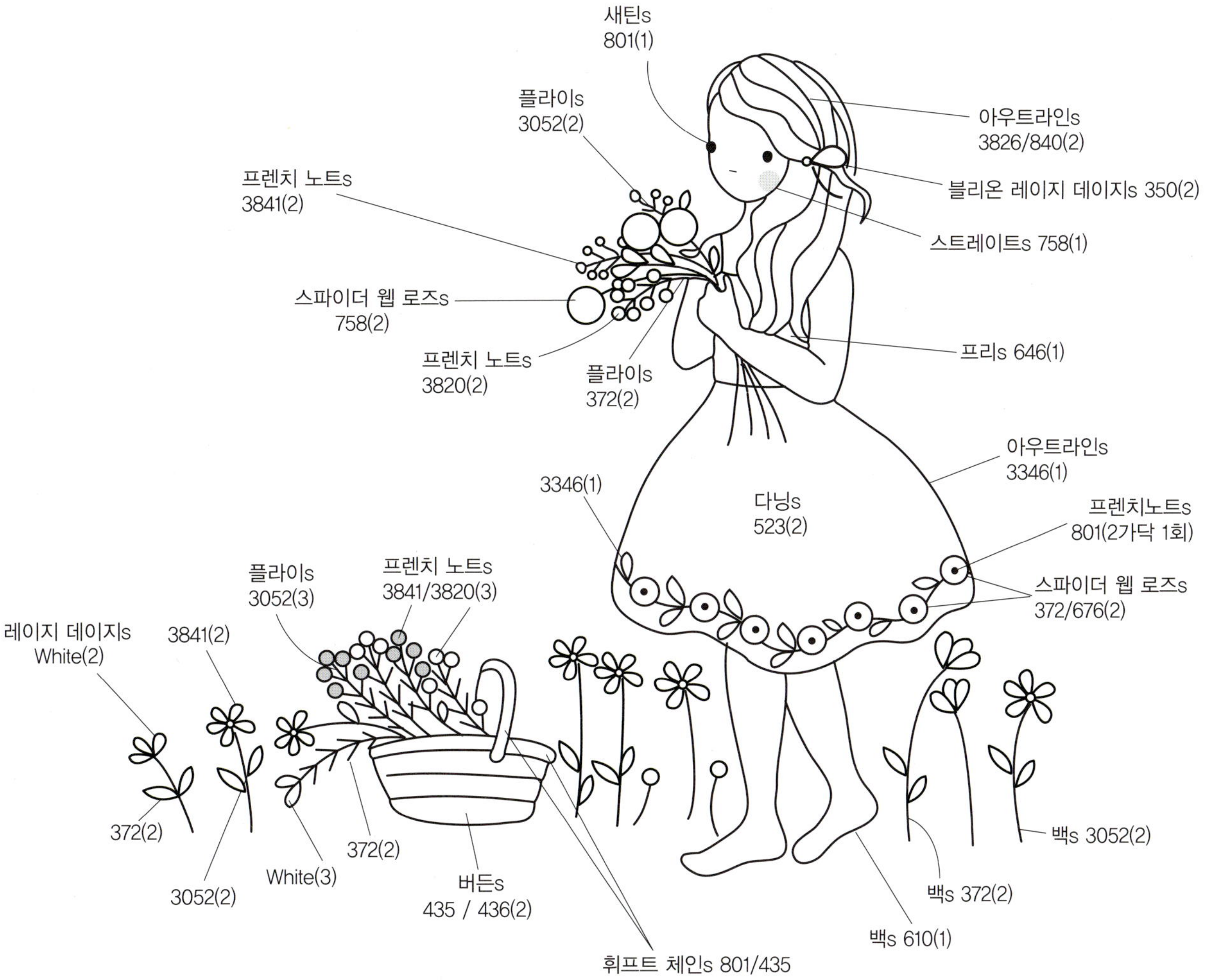

새틴s 801(1)

플라이s 3052(2)

아우트라인s 3826/840(2)

블리온 레이지 데이지s 350(2)

프렌치 노트s 3841(2)

스트레이트s 758(1)

스파이더 웹 로즈s 758(2)

프리s 646(1)

프렌치 노트s 3820(2)

플라이s 372(2)

아우트라인s 3346(1)

3346(1)

다닝s 523(2)

프렌치노트s 801(2가닥 1회)

스파이더 웹 로즈s 372/676(2)

레이지 데이지s White(2)

3841(2)

플라이s 3052(3)

프렌치 노트s 3841/3820(3)

372(2)

3052(2)

White(3)

372(2)

버든s 435 / 436(2)

백s 3052(2)

백s 372(2)

백s 610(1)

휘프트 체인s 801/435

107

케이블루의 알파벳 자수

초판 1쇄 발행 2016년 5월 10일
초판 7쇄 발행 2021년 9월 10일

지은이 김소영
펴낸이 이지은 **펴낸곳** 팜파스
기획·진행 이진아 **편집** 정은아
디자인 조성미 **마케팅** 김민경, 김서희
인쇄 케이피알커뮤니케이션

출판등록 2002년 12월 30일 제 10-2536호
주소 서울특별시 마포구 어울마당로5길 18 팜파스빌딩 2층
대표전화 02-335-3681 **팩스** 02-335-3743
홈페이지 www.pampasbook.com | blog.naver.com/pampasbook
이메일 pampas@pampasbook.com

값 12,000원
ISBN 979-11-7026-083-7 (13590)

ⓒ 2016, 김소영

- 이 책의 일부 내용을 인용하거나 발췌하려면 반드시 저작권자의 동의를 얻어야 합니다.
- 잘못된 책은 바꿔 드립니다.

> 이 도서의 국립중앙도서관 출판시도서목록(CIP)은 서지정보유통지원시스템 홈페이지
> (http://seoji.nl.go.kr)와 국가자료공동목록시스템(http://www.nl.go.kr/kolisnet)에서
> 이용하실 수 있습니다.(CIP제어번호: CIP2016009106)

- 이 책에 나오는 작품 및 일러스트는 저자의 소중한 작품입니다.
- 저작권은 저자에게 있으며 2차 수정·도용·상업적 용도의 사용을 금합니다.